Kochen mit Herb

Der vegetarische Drache

Zuerst erschienen 1999 in Großbritannien bei Barefoot Books Ltd.
Originaltitel: Cooking with Herb. The Vegetarian Dragon. A Cook Book for Kids

ISBN 3-909484-98-0

Gesamtverzeichnis schickt gern:
Baumhaus Medien AG, Seelenberger Straße 4, 60489 Frankfurt am Main
http://www.baumhaus-ag.de
5 4 3 2 1 00 01 02 03 04

Kinder sollten die Rezepte nur unter Aufsicht von Erwachsenen zubereiten.

KOCHEN MIT HERB

Der vegetarische Drache

Ein Kochbuch für Kinder

Text und Rezepte von
JULES BASS
Illustrationen von
DEBBIE HARTER
Übersetzt von
NUREENI TRÄBING
AMIRA SARKISS

BAUMHAUS VERLAG

Nudelsieb
Suppentopf
Soßentopf

Sieb
Reibeisen
Sparschäler

Knoblauchpresse
Messlöffel
Messbecher

INHALT

Küchenmaschine
Elektromixer
Großer Messbecher

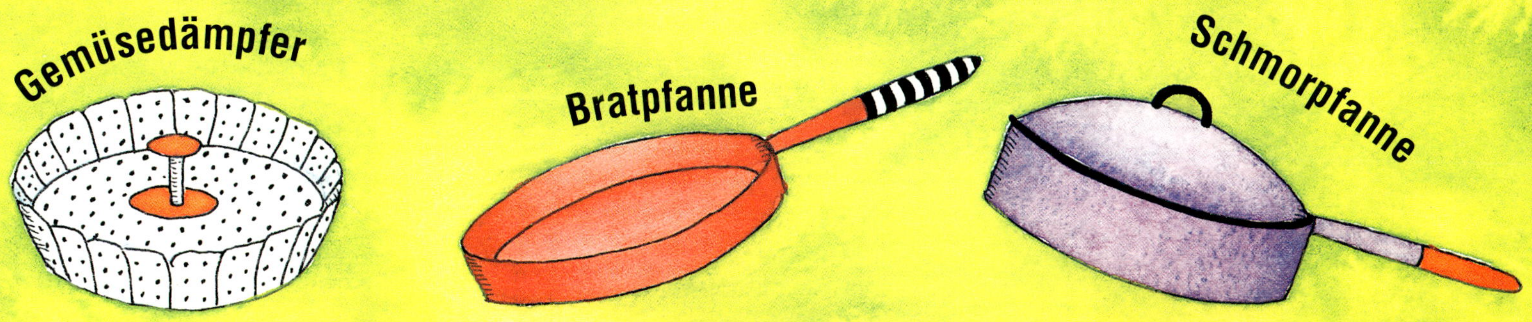
Gemüsedämpfer
Bratpfanne
Schmorpfanne

Schöpflöffel
Küchenmesser

Schneebesen
Kochlöffel
Teigspachtel
Bratenwender

Backblech
Stechformen
Backform

Herbs Vorwort

Die Rezepte in diesem Buch habe ich zusammengestellt für Kinder, die ich **LOVE**-Kinder nenne: **L**=lacto **O**=ova **V**=vegetarisch **E**=Esser. Diese vegetarische Ernährung ist als gesund für Kinder und Drachen anerkannt.

Meine Menschenfreunde haben erzählt, dass in Großbritannien (das ist das Land, in dem ich lebe) die Lacto-Ova-Vegetarische Diät von der "British Medical Association" und der "British Dietetic Association" empfohlen wird.

Als Vegetarier bezeichnet man jemanden, der kein Fleisch isst. Manche nennen sich zwar Vegetarier, essen aber Fisch. Meine Philosophie ist: Jeder wie er's mag. Kinder, die überlegen, Vegetarier zu werden, müssen dies nicht über Nacht tun. Sie sollten sich Zeit nehmen um sich daran zu gewöhnen, egal, wie lange es dauert.

Das Leben ist kein Wettrennen oder Wettbewerb. Es kann dir immer wieder passieren, dass du mal schwach wirst und ein Stück *"du-weißt-schon-was"* isst. Na und? Das ist überhaupt nicht schlimm! Dadurch bist du noch lange kein "Fleischfresser". Und deine Freunde, die keine Vegetarier sein wollen? Ich sage immer: Leben und leben lassen. Mach ihnen kein schlechtes Gewissen – und ich hoffe, dass sie auch deine Entscheidung respektieren werden.

Ein Wort noch zu den Rezepten: Manche Kinder werden sie alleine zubereiten können, andere werden Hilfe benötigen. Aber egal wie, ich hoffe ihr Kinder *legt euch so richtig ins Zeug* - Kochen macht nämlich Spaß. Du kannst das essen, was du selber gekocht hast. Und es ist toll, wenn du zum ersten Mal hörst:

"He, hast du das wirklich selber gemacht? Es schmeckt super!" Das wird dich anspornen gleich in meinem Buch weiterzublättern und das nächste tolle Rezept auszuprobieren.

Denkt dran, die Rezepte sind nicht nur für Kinder – alle können mitkochen. Und sagt mir Bescheid wie die Rezepte angekommen sind.

"Wie ich Kochen lernte"

Meine Groß-Ma-Ma-Flora war die beste Köchin in unserer Familie – bitte entschuldige, Mama! Sie gab mir meine erste Kochstunde als ich sechs Jahre alt war.

Meine Cousine Rosie-Rose und mein bester Drachenkumpel Ginster waren an diesem Tag in unserer Höhle zum Mittagessen eingeladen. Wir wollten Groß-Ma-Ma-Floras berühmte Spaghetti - Sandwichs zubereiten. Ich könnte ein ganzes Dutzend davon verschlingen und brannte darauf zu lernen, wie ich sie mir künftig selber machen konnte.

"Also, meine Drachen-Winzlinge", sagte Groß-Ma-Ma-Flora, "bevor wir anfangen müsst ihr lernen wie man alles, was man zum Kochen eines Gerichtes benötigt, zusammenstellt. Das nennt man 'Vorbereitung'. Lasst uns zuerst alle Zutaten zusammensuchen – die Sachen aus dem Rezept, die man essen kann – und danach alle Töpfe, Pfannen und Geräte, damit sie griffbereit sind. Jeder einzelne Gegenstand hat eine spezielle Funktion. *Spaghetti kann man ja schlecht in einer Bratpfanne kochen!* Denkt dran: Gute Köche benutzen, wie alle guten Handwerker, immer die richtigen Werkzeuge.

Aber bevor wir anfangen noch einige wichtige Sicherheitsregeln:

1. Greift niemals in ein fallendes Messer. Ihr könntet euch böse verletzen. Lasst es einfach herunterfallen.
2. Achtet darauf, dass die Messer scharf sind – ein scharfes Messer rutscht nicht ab.
3. Das Messer beim Schneiden nicht zu fest aufdrücken.
4. Achtet darauf, dass eure Hände immer trocken sind, damit euch nichts aus den Klauen rutschen kann.
5. Immer Topflappen benutzen wenn ihr heiße Sachen aus dem Ofen herausholt.
6. NIEMALS HETZEN – Hetzerei führt oft zu Unfällen.
7. Kocht immer mit der wichtigsten Zutat überhaupt: LIEBE!"

Groß-Ma-Ma-Flora nahm eine Menge Küchenzubehör aus den Regalen und verteilte es.

Ich bekam eine Metallschüssel mit ganz vielen Löchern. "Für was ist das denn?", fragte ich mich.

"Das ist ein Nudelsieb", erklärte Groß-Ma-Ma-Flora. "Das benutzt man um Wasser abzugießen, zum Beispiel wenn man Spaghetti gekocht hat."

Dass hörte sich sehr spaßig an. Also versuchte ich es.

Oh, ich hab's kapiert!
Ich glaub nicht!
Oje, Drachenjungs können nicht kochen.
Nicht, wenn sie nicht aufpassen!
Umblättern!

Meine Erste Kochstunde

Weil Rosie-Rose das mit den Drachenjungs gesagt hat, die angeblich nicht kochen können, war ich fest entschlossen ihr zu beweisen, dass ich zu den besten gehöre. Dieses Spaghetti - Sandwich war mein erster Kochversuch und es schmeckte höllisch gut. Es gehört immer noch zu meinen Lieblingsrezepten. Nicht verraten, wie einfach die Zubereitung ist. Deine Freunde sollen denken, dass es richtig kompliziert ist.

Groß-Ma-ma-Floras Spaghetti - Sandwich

schwieriges

Das musst du alles auftreiben (für 2 Drachen):

Einen Rest kalte Spaghetti (mit Soße) vom Vortag

2 Esslöffel gutes Olivenöl

2 Eier, mit Salz und Pfeffer verquirlt

25 g geriebener Parmesankäse

Toastbrot und Butter (es kann auch ein anderes Brot sein)

Vorbereitungszeit: 15 Minuten

1 Zuerst den Backofen vorheizen und den Rost auf die mittlere Schiene schieben.

2 Olivenöl in einer beschichteten Pfanne bei mittlerer Hitze erwärmen. Die Restspaghetti hinzufügen und mit einem Kochlöffel unter Rühren warm werden lassen.

3 Die Eier hinzugießen und 30 Sekunden köcheln lassen. Den Käse darüber streuen und die Pfanne in den Backofen schieben.

Kochzeit: 10 Minuten

4 Im Backofen lassen bis die Eier fest geworden sind und die Frittata* oben leicht gebräunt ist. Auf einen Teller geben.

Anrichten: Belege dein Lieblingsbrot mit einem Häufchen der Frittata. Du hast es geschafft! Ein Erste-Klasse-Spaghetti-Sandwich.

* Sprich Frie-tah-tah. So nennt man dieses Gericht in Italien.

Herbs heißer Tipp

Lass den Backofen offen und stelle die Pfanne nur so weit hinein, dass der Griff außerhalb der Backröhre bleibt. Die Pfanne nur mit einem Topflappen anfassen!

Kochen für den Groß-Knall-Drachen

Groß-Pa-Pa wurde von uns *Groß-Knall-Drache* genannt. Vielleicht deshalb, weil er der Älteste unseres verrückten Drachen-Clans war, oder vielleicht, weil Groß-Ma-Ma-Flora oft gesagt hat, dass er einen *Knall* habe. Also, G.K. (wie er von seinen Freunden genannt wurde) war ein sehr wählerischer Esser. Als er uns das erste Mal zum Essen besuchte war ich ziemlich aufgeregt. Ich hatte entschieden, eine neue Pastasoße auszuprobieren (G.K. *liebte* Pasta).

Pasta & Soße für den Groß-Knall-Drachen

Das musst du alles auftreiben (für 4 Drachen):

500 g Nudeln (z.B. Makkaroni)
100 g Butter
1 Esslöffel Mehl
1 Prise Muskatnuss
360 ml Sahne
100 g geriebener Parmesankäse
25 g Semmelbrösel
Salz und Pfeffer zum Abschmecken

Vorbereitungszeit: 10 Minuten

1 Butter bei geringer Hitze in einem Topf schmelzen. Das Mehl und Muskatnuss hinzufügen und 5 Minuten köcheln lassen. Ab und zu mit einem Schneebesen umrühren.

2 Salz, Pfeffer und die Sahne hinzufügen. 10 Minuten köcheln lassen, ab und zu umrühren (nicht anbrennen lassen!). Einen Deckel auf den Topf legen und von der Herdplatte nehmen.

3 Den Backofen vorheizen (230° C/ Gasherd: Stufe 8). In einem großen Topf Wasser zum Kochen bringen, einen Löffel Salz dazugeben und die Nudeln hineingeben.

Kochzeit: 50 Minuten

Kochen lassen bis sie bissfest sind - wir nennen das *al dente* in Italien.

4 Die Soße noch mal kurz erwärmen. Die Nudeln in eine Auflaufform füllen und 2/3 der Soße und die Hälfte des Parmesankäses darüber geben. Gut vermischen. Dann den Rest der Soße und des Käses über die Nudeln gießen und die Semmelbrösel darüber streuen. 10 Minuten im Backofen backen.

Anrichten: Stelle die Auflaufform auf den Tisch (auf einen Topfuntersetzer) und richte die Nudeln auf vorgewärmten Tellern an.

G.K.'s heißer Tipp

Wenn die Soße zu dick ist, verdünne sie mit etwas Milch. Sie wird beim Kochen dicker.

ROSIE-ROSES ERSTES SELBSTGEBACKENES BROT

Als Groß-Ma-Ma-Flora eines Tages sagte: "Heute machen wir Blechbrot", antworteten Ginster und ich: "Nö, viel zu schwierig." Nur Rosie-Rose war bereit es zu versuchen. Und als es dann fertig war, waren wir beide ein wenig verlegen – es sah soo einfach aus. Außerdem zog der Geruch von frisch gebackenem Brot alle an, und es blieb kein Bissen für uns übrig. "Geschieht euch recht", sagte Rosie-Rose, "ihr wolltet es ja nicht versuchen." Also schnappte ich mir etwas Mehl und legte los. Es war drachenleicht! Jetzt backe ich das Blechbrot ganz oft.

Rosie-Roses Blechbrot

Das musst du alles auftreiben (für 4 Drachen):

350 g Mehl
1 Teelöffel Salz
3 Teelöffel getrocknete Hefe
1/2 Teelöffel Zucker
7 Esslöffel Olivenöl
250 ml lauwarmes Wasser
2 Esslöffel gehackter Rosmarin

Vorbereitungszeit: 90 Minuten

Kochzeit: 15 Minuten

1 Die Hefe und den Zucker in das Wasser geben und gut verrühren. 5 Minuten in Ruhe lassen.

2 Das Mehl und das Salz in eine Rührschüssel geben. 2 Esslöffel Olivenöl in das mit Hefe und Zucker verrührte Wasser geben. Nach und nach diesen Wassermix in die Rührschüssel dazugeben und mit einem elektrischen Mixer verrühren bis ein Teigklumpen entsteht. Den Klumpen auf eine mit Mehl bestäubte Oberfläche legen und so lange mit mehligen Händen kneten bis der Teig ganz weich ist (ca. 5 Minuten).

3 Den Teig in einer abgedeckten Schüssel 30 - 40 Minuten in Ruhe lassen bis er aufgegangen ist.

4 Den Teig aus der Schüssel nehmen und sanft zusammendrücken, nicht mehr kneten! In die Mitte einer eingefetteten Auflaufform oder eines Backblechs (23 cm x 30 cm x 1,5 cm) legen und mit einem Geschirrtuch abdecken.

5 Den Ofen auf 190° C (Gasherd: Stufe 5) vorheizen. Nach 10 Minuten den Teig ausrollen bis er fast den ganzen Boden der Form bedeckt (schön muss es nicht aussehen!). Mit dem Geschirrtuch abdecken und noch einmal 10 Minuten in Ruhe lassen.

6 Den Teig mit dem restlichen Olivenöl bestreichen, den Rosmarin und etwas Salz darüber streuen und goldgelb backen (ca. 15 Minuten).

Anrichten: Lass das Brot auf einem Rost abkühlen. Schneide es in Vierecke - und sofort essen.

Rosies heißer Tipp

Wenn der Teig zu klebrig ist, füge noch etwas Mehl hinzu. Wenn er zu trocken ist, gib ein wenig Wasser dazu.

Der Mehlsack wartet auf euch, Jungs.
Sieht drachenleicht aus!
Erzähl mir nichts.

Wie wir Fleischhaken reinlegten

Ich kann mich noch gut daran erinnern, wie wir Fleischhaken reingelegt haben als er mein berühmtes Chili essen musste. "Chili ohne Fleisch? Unmöglich!", brüllte er. "Es heißt doch Chili CON carne. Und sogar ich weiß, dass CON carne auf deutsch MIT Fleisch heißt. Damit kannst du mich nicht reinlegen." Dann sagte er, dass er es gerne richtig scharf mag, also habe ich einen extra Teelöffel Chilipulver hineingerührt. Ich sag dir, es war **flammenwerferisch** scharf – und natürlich fleischlos. Aber das hat er wirklich nicht gemerkt.

Herbs Chili Con „Null“ Carne

Das musst du alles auftreiben (für 4 Drachen):

120 g Sojawürfel
500 ml Gemüsebrühe
1 große, gehackte Zwiebel
2 zerdrückte Knoblauchzehen
1 kleine Dose gewürfelte Tomaten
2 Esslöffel Cumin
160 ml abgetropfte rote Bohnen
1 Teelöffel getrockneter Oregano
2 Esslöffel Olivenöl
Chilipulver zum Abschmecken
Salz und Pfeffer zum Abschmecken
Geriebener Käse zum Garnieren

Vorbereitungszeit: 15 Minuten

1 Das Öl in einer Pfanne erhitzen. Knoblauch hineingeben und nach 1 Minute die Zwiebelwürfel hinzufügen. Warte bis sie goldgelb werden (lass das Zeug aber nicht anbrennen).

2 Schütte die Tomaten hinein und lass das ganze 10 Minuten kochen, rühre dabei immer wieder um. Mit Cumin, Pfeffer, Salz und Chilipulver würzen (du kannst später noch mehr davon nehmen - pass auf, dass es nicht zu scharf wird!). Verrühren, die Gemüsebrühe dazugeben und weiter rühren.

Kochzeit: 25 Minuten

3 5 Minuten kochen lassen, dann die Sojawürfel und die roten Bohnen dazugeben. Gut umrühren und jetzt einen Deckel auf die Pfanne legen. 5 Minuten kochen lassen und abschmecken. Fehlt noch Salz? Oder mehr Chilipulver? Wie du willst. Du bist der Küchenchef!

Anrichten: Serviere das Chili in kleinen Schüsseln. Streue etwas Käse darüber - und du hast es geschafft. Ein großartiges Chili Con "Null" Carne! (con bedeutet "mit" und carne bedeutet "Fleisch" auf drachenesisch - und auch auf spanisch!)

Herbs heißer Tipp

Wenn das Chili zu trocken aussieht, nimm etwas mehr von der Gemüsebrühe. Wenn du willst kannst du zum Garnieren auch einen Löffel Creme fraiche und Koriander auf das Chili klecksen.

EINFACHE BURRITOS

Erwärme einige Tortillafladen in einer Pfanne von beiden Seiten. Fülle sie mit deinem Chili Con "Null" Carne und rolle sie. Etwas Creme fraiche und geriebenen Käse darüber geben.

Suppenkasper Hierher!

Das musst du unbedingt probieren! Werde Mitglied in "Ginsters-Suppenkasper-Klub". Ginster hat ein eigenes Maisfeld, und er liefert seine frisch geernteten Maiskolben immer bei mir ab. Dabei fleht er mich an, ihm eine sämige Suppe daraus zu kochen. Das ist wirklich supereinfach! Du kannst das auch. Wusstest du, dass alle Drachen mit Vorliebe Maiskolben abnagen? Glaubst du nicht? Also, wenn du das nächste mal Drachen-Besuch hast serviere deinem Drachen-Gast einen frischen Kolben (Mais natürlich) und warte ab, was passiert.

Herbs sämige Suppe für Suppenkasper

Das musst du alles auftreiben (für 6 Drachen):

8 Maiskolben
1/2 Zwiebel, fein gehackt
30 g Butter
500 ml Milch
2 Tomaten, gewürfelt
2 Esslöffel gemahlener Koriander
1 Bund Schnittlauch
1 Zitrone, geviertelt
Je 1/4 Teelöffel:
Cumin
Chilipulver
gemahlener Ingwer
Koriander
Schwarzer Pfeffer

Vorbereitungszeit: 20 Minuten

Kochzeit: 20 Minuten

1 Koche die Maiskolben etwa 4 Minuten, lasse sie abtropfen und abkühlen. Pule aus 5 Kolben die Körner heraus und gib sie in eine Küchenmaschine. Gieße so viel Milch dazu bis die Körner bedeckt sind und schalte die Maschine für 1 Minute an.

2 Jetzt die gehackte Zwiebel in einer kleinen Pfanne mit Butter erhitzen bis die Zwiebelstücke ganz weich geworden sind. In die Küchenmaschine hinzugeben.

3 Die Küchenmaschine für 30 Sekunden anschalten. Danach den Inhalt in einen Topf umfüllen und die Gewürze hinzufügen. Alles gut verrühren.

4 Die Körner der restlichen Maiskolben dazugeben. Bei niedriger Hitze im geschlossenen Topf 5 Minuten kochen lassen. Die Milch aufgießen, sodass es "suppig" wird.

Anrichten: In vorgewärmten Schüsseln servieren. Mit der Schere den Schnittlauch klein schneiden und darüber streuen. Die gewürfelten Tomaten auf die Schüsseln verteilen und einen Spritzer Zitronensaft dazugeben. Das Gericht wird dich umhauen! (Du kannst das Chilipulver auch weglassen oder etwas weniger davon nehmen.)

Ginsters heißer Tipp

Wenn du keine frischen Maiskolben bekommst, kannst du auch gefrorene nehmen - aber keine aus der Dose!

Die Geschichte von der Steinsuppe

Groß-Pa-Pa-Knall-Drache erzählte mir einmal die Geschichte von der Steinsuppe. Es gibt viele verschiedene Versionen, aber die meisten erzählen davon, wie zwei Reisende eines Tages in einem armen Dorf Rast machten. Sie entzündeten ein Lagerfeuer und begannen damit, einen Stein in einem Topf Wasser zu kochen. Die Dorfbewohner hatten Mitleid mit den Männern und gaben ihnen frisches Gemüse für die Suppe. Und weil alle etwas abgaben, was sie entbehren konnten, entstand doch noch eine leckere Suppe. Ich suchte mir einen großen, schönen Stein und Groß-Pa-Pa gab mir sein Rezept.

Knall-Drachens "Steinbruch - Suppe"

Das musst du alles auftreiben (für 6 Drachen):

Einen sauberen, großen Stein
200 g Makkaroni
500 g dicke Bohnen
1 Stangensellerie, geschält und klein geschnitten
2 kleine Tomaten, gewürfelt
1 kleiner Bund gehackte Petersilie
2 Knoblauchzehen, zerdrückt
1 große Karotte, klein geschnitten
1/4 Tasse Olivenöl
1 Bund frisches Basilikum
Geriebener Parmesankäse
Salz und Pfeffer zum Abschmecken
Drachenseewasser (oder Hahnwasser)

Vorbereitungszeit: 20 Minuten

1 Den Stein in einen großen Topf geben und mit Wasser bedecken (etwa 7 cm). 1 Minute kochen lassen. Die Bohnen, den Sellerie, die Petersilie, die Tomaten, einen Schuss Olivenöl, den Knoblauch und die Karotte dazugeben. Bei niedriger Hitze etwa 30 Minuten kochen lassen. 1 Schöpflöffel von dieser Suppe in eine Küchenmaschine füllen und 10 Minuten mixen. Danach wieder in den Topf füllen, mit Salz und Pfeffer würzen und noch einmal 10 Minuten kochen lassen.

Kochzeit: 45 Minuten

2 Die Makkaroni in Salzwasser kochen. Das Wasser abgießen und die Nudeln in die Suppe schütten. Wenn die Suppe zu dick ist, gieße etwas von dem Nudelwasser dazu.

3 Das Basilikum mit dem Olivenöl und Salz in die Küchenmaschine geben und 10 Sekunden mixen.

Anrichten: Die Suppe in vorgewärmte Schüsseln schöpfen, das Basilikumöl darüber träufeln und alles mit Parmesankäse bestreuen.

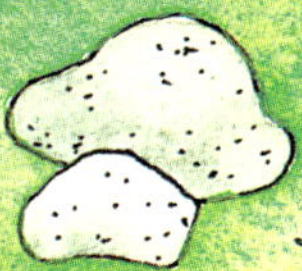

Herbs heißer Tipp

Getrocknete Bohnen 10 Minuten in Wasser kochen lassen. Für weitere 30 Minuten im heißen Wasser einweichen. Danach abgießen und in den Suppentopf (wie im Schritt 1 beschrieben) dazugeben.

Ginster liebt's Mexikanisch

Mein Freund Ginster kennt eine superleichte Methode, wie man "gegrillte mexikanische Käse-Sandwichs" zubereiten kann. Sie sind sehr schmackhaft. Er schneidet sie in Viertel und gibt ein Löffelchen von *Herbs Wahnsinns-Drachen-Salsasoße* drauf. Mir schmecken sie auch mit würziger Tomaten-Salsa. Selbstverständlich weiß ich, wie man Tortillas selber zubereitet, aber du solltest es erst mal mit den fertigen (aus dem Supermarkt) versuchen. Wie du siehst, habe ich Ginsters Namen für das Gericht geändert, damit es authentischer klingt!

Drachen Quesadillas

Das musst du alles auftreiben (für 2 - 4 Drachen):

12 Mehltortillas
Cheddarkäse
Erdnussöl

FÜR DIE WÜRZIGE TOMATEN - SALSASOßE
300 g geschälte und entkernte Tomaten
2 Esslöffel Zwiebelwürfel
Chilipulver
1 Teelöffel Salz
Saft einer Zitrone
2 Esslöffel gemahlener Koriander
1 Teelöffel Cumin

Vorbereitungszeit: 15 Minuten

1 Backofen auf 190° C (Gasherd: Stufe 5) vorheizen. Lege sechs Tortillas auf ein Backblech und bestreue sie mit geriebenem Käse (so viel du willst).

2 Jetzt belege alle mit den restlichen sechs Tortillas und bestreiche sie mit Öl (dafür nimmst du am besten einen Pinsel). Schiebe das Backblech in den Ofen und backe die Tortillas etwa 10 - 12 Minuten bis sie oben hellbraun und knusprig sind.

Kochzeit: 12 Minuten

3 Die würzige Tomaten - Salsasoße ist ganz einfach:
Mische alle Zutaten in einer Schüssel und lasse sie 5 Minuten ziehen.

Anrichten: Schneide die Tortillas jeweils in vier Stücke und stelle die Schüssel mit der Soße dazu. Die Tortillas kannst du mit deinen Klauen essen - äh, ich meine mit deinen Fingern.

Ginsters heißer Tipp

Für ein reichhaltigeres Mahl fülle die Tortillas noch zusätzlich mit gedünsteten Pilzen und serviere das Ganze mit Guacamole.

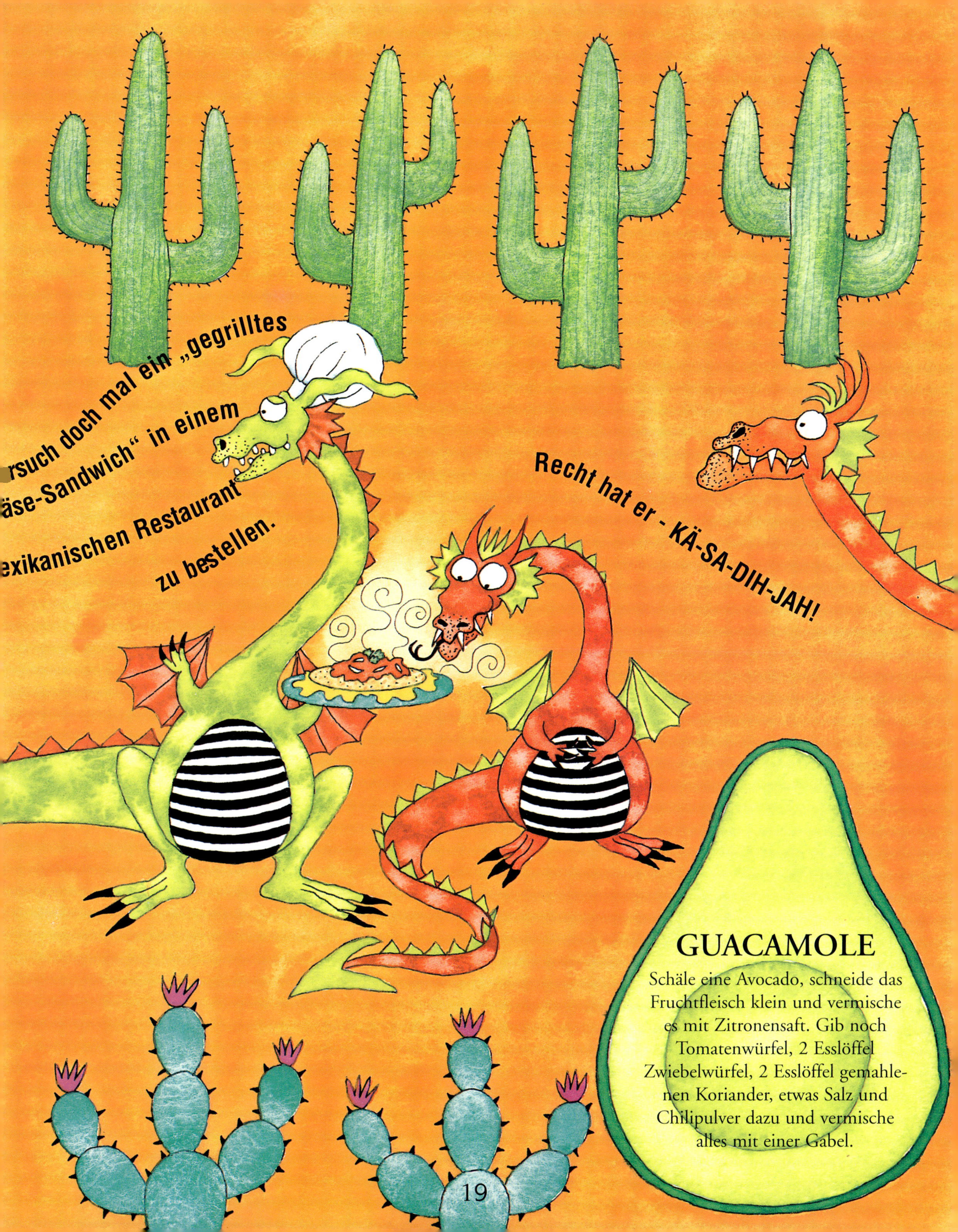

GUACAMOLE

Schäle eine Avocado, schneide das Fruchtfleisch klein und vermische es mit Zitronensaft. Gib noch Tomatenwürfel, 2 Esslöffel Zwiebelwürfel, 2 Esslöffel gemahlenen Koriander, etwas Salz und Chilipulver dazu und vermische alles mit einer Gabel.

Fleischhaken lädt zum Essen ein

Ich habe meinen Ohren nicht getraut als Fleischhaken mich und alle seine Kumpels zu einem Essen einlud. Er sagte, jeder würde etwas zum Essen mitbringen. Ich sollte den Hauptgang und das Dessert machen und vielleicht auch noch etwas Grünes aus meinem Garten mitbringen. Beim Weggehen rief er mir noch zu: "Und vergiss die Salatsoße nicht, Gemüse-Kopp!" Irgendwie hatte ich das Gefühl, dass er mich ausnutzen wollte, aber das war mir egal – immerhin hatte er mich eingeladen!

Party - Pasta für eine Drachenbande

Aber Herb musste alles kochen!

Das musst du alles auftreiben (für 6 - 10 Drachen):

- **500 g Nudeln (am besten die, die aussehen wie Muscheln oder Schmetterlinge)**
- **150 g gekochte Broccoli-Röschen**
- **4 Tomaten, gewürfelt**
- **12 (24 halbe) getrocknete Tomaten in Öl, klein geschnitten**
- **100 g frische oder aufgetaute Erbsen**
- **1 rote Zwiebel, fein gehackt**
- **1 Esslöffel getrockneter Oregano**
- **2 Esslöffel Rotweinessig**
- **1/2 Tasse Olivenöl**
- **2 Knoblauchzehen, zerdrückt**
- **Salz und Pfeffer zum Abschmecken**
- **etwa 12 frische Basilikumblätter**

Vorbereitungszeit: 25 Minuten

1 Einen Suppentopf zu 2/3 mit Wasser füllen und zum Kochen bringen. 1 Esslöffel Salz und die Nudeln hineingeben. Nach 10 Minuten kosten ob sie fertig sind.

2 Die Hälfte des Olivenöls mit dem Knoblauch in eine Pfanne geben. Bei niedriger Hitze den Knoblauch goldbraun werden lassen.

Kochzeit: 30 Minuten

3 Die Nudeln in einem Sieb abtropfen lassen, mit heißem Wasser übergießen und in eine große Schüssel füllen. Den Knoblauch mit dem Öl darüber geben und vermischen. Alle übrigen Zutaten dazugeben und gut vermischen.

Anrichten: Den Basilikum zerteilen und über das Gericht streuen - dabei musst du ganz laut dein Lieblingslied singen!

Herbs heißer Tipp

Nicht im Kühlschrank aufbewahren - die Nudeln schmecken sonst wie Gummi!

MEHR!
MEHR!
MEHR!
MEHR!
Mmmmmmmm

JEDER KANN KARTOFFELN KOCHEN

Ich habe festgestellt, dass es ganz dicke Bücher über die Zubereitung von Kartoffeln gibt! Wow! Jeder hat seine Lieblingsfrittenbude, wo es ihm am besten schmeckt. Aber lasst uns *diese* Art der Zubereitung jetzt mal vergessen. Mein Lieblingsrezept ist ganz einfach, und meistens sind die einfachsten Sachen auch am besten. Ich nenne diese Kartoffeln "wahnsinnig" , weil das immer alle sagen, wenn ich das Gericht serviere.

Herbs Wahnsinns - Kartoffeln

Das musst du alles auftreiben (für 4 Drachen):

4 große Kartoffeln
4 Esslöffel Olivenöl
Salz und Pfeffer

Vorbereitungszeit: 25 Minuten

Kochzeit: 20 Minuten

1 Schrubbe die Kartoffeln und koche sie dann in einem Topf mit Wassser etwa 20 Minuten (sie sind fertig, wenn du mit einer Gabel leicht hineinstechen kannst).

2 In einem Sieb abtropfen und abkühlen lassen.

3 Ofen auf 205° C (Gasherd: Stufe 6) vorheizen. Backblech mit 1 Esslöffel Olivenöl einfetten. Schneide die Kartoffeln in dicke Scheiben und schichte sie fächerartig auf dem Backblech. Gieße das Olivenöl darüber und würze mit Salz und Pfeffer. Schiebe das Backblech in den Ofen.

4 Werfe ab und zu einen Blick in den Ofen. Wenn die Kartoffelscheiben in der Mitte golden, und die an den Ecken braun werden, hol alles heraus.

Anrichten: Mit Gemüseburger oder einem Berg Gemüse servieren.

Herbs heißer Tipp

Die Kartoffeln nicht schälen. In den Schalen stecken viele gesunde Sachen, und außerdem schmecken sie lecker.

Rosie-Rose lernt Französisch

Denk bloß nicht, dass Drachen keine Fremdsprachen sprechen. Was glaubst du denn, in welcher Sprache französische Drachen sprechen? Seit dem Tag, an dem Rosie-Rose ihr *par-leh-fran-seh* gelernt hat, kocht sie nur noch französische Gerichte. Ich liebe Suppen. Also habe ich sie gebeten, mir eine französische Suppe zu kochen. Am nächsten Tag huschte sie in meinen Garten und verschwand wieder mit Lauch, Zwiebeln, Kartoffeln und Schnittlauch. Sie hinterließ mir die Nachricht, dass ich um 13.00 Uhr zum Essen erscheinen sollte. Ich kam zu spät, die Suppe war kalt und Rosie war sauer, aber…

Rosie-Roses französische √ wegen Herb „Kalte" Kartoffelsuppe

Das musst du alles auftreiben (für 4 - 6 Drachen)

3 große Kartoffeln, geschält und gewürfelt
4 Stangen Lauch (aber nur die weißen Teile), klein geschnitten
1 große Zwiebel, gewürfelt
1500 ml Wasser
500 ml Milch
50 g Butter
Salz und Pfeffer
1 Bund Schnittlauch

Vorbereitungszeit: 15 Minuten

Kochzeit: 30 Minuten

1 Die Butter in einem großen Topf bei geringer Hitze erwärmen. Wenn sie geschmolzen ist, den Lauch und die Zwiebeln hinzufügen. Abgedeckt 5 Minuten kochen lassen.

2 Die Kartoffeln und das Wasser dazugeben und mit einem Kochlöffel gut verrühren. Bei geringer Hitze langsam kochen lassen bis die Kartoffeln weich sind (mit einer Gabel kannst du jetzt leicht in sie hineinstechen).

3 Mit Salz und Pfeffer würzen und auf Zimmertemperatur abkühlen lassen.

4 Mit einem Pürierstab oder in einer Küchenmaschine die Suppe pürieren (das bedeutet, alles so lange zu vermischen bis eine sämige Suppe entsteht).

5 Jetzt das Ganze in eine Schüssel füllen und die Milch dazugeben, dass es noch "suppiger" wird. In den Kühlschrank stellen und kalt werden lassen.

Anrichten: In Suppenteller füllen und den Schnittlauch darüber streuen. Sogar ein Kind kann das Gericht schon beim ersten Mal richtig kochen. *C'est facile*! (ße-fa-siel) Das bedeutet: *Es ist ganz einfach!*

Rosies französischer Tipp

Probier mal den französischen Satz:
Zut! La soupe c'est froid.
Süd! La-suup-ße-froa.
(Verdammt! Die Suppe ist kalt).

Der Tag, an dem der König Vegetarier wurde

Junge, war ich überrascht als der Küchenchef mich eines Tages besuchte. "Herb", sagte er, "der König und die Königin haben sich entschlossen Vegetarier zu werden. Das Problem ist, dass ich keinen blassen Schimmer von der vegetarischen Küche habe. Kannst du mir ein Rezept verraten, das das Lieblingsgericht des Königs, *Wildschwein Burger,* ersetzen kann? Ich habe die Gemüsevariante gestern ausprobiert, aber der königliche Vorkoster hat alles ausgespuckt! Jetzt habe ich ein Riesenproblem."

Des Königs Lieblings-Gemüseburger

Das musst du alles auftreiben (für 4 Drachen):

60 g Sojawürfel
1 abgeschabte Karotte
1 großer Pilz, gewürfelt
1 kleine Zwiebel, gewürfelt
1/2 rote Paprika, gewürfelt
1 Knoblauchzehe, zerdrückt
Öl
2 Eiweiß und 1 Eigelb
25 g Semmelbrösel
250 ml heißes Wasser
Salz und Pfeffer
Hamburger-Brötchen und Ketchup

Vorbereitungszeit: 25 Minuten

Kochzeit: 12 Minuten

1 Die Karotte in einer Küchenmaschine schnitzeln. Dann den Pilz, die Zwiebel und die Paprika dazugeben und alles klein schneiden.

2 2 Esslöffel Öl in einen Topf geben. Den Knoblauch darin bei geringer Hitze anbraten. Jetzt die Zutaten aus der Küchenmaschine dazugeben und mit Salz und Pfeffer würzen.

3 Bei geringer Hitze 10 Minuten kochen lassen, dabei immer wieder umrühren. Das Soja mit dem heißen Wasser in eine Schüssel geben, umrühren und abdecken (oder nach der Packungsanleitung zubereiten).

4 Nach 5 Minuten zu den anderen Zutaten im Topf geben und gut verrühren. Vom Herd nehmen und die Eier und die Semmelbrösel untermischen. Abkühlen lassen. Aus der Masse vier Burger formen und für eine halbe Stunde in den Kühlschrank stellen.

5 Öl in eine beschichtete Pfanne geben und die Burger bei mittlerer Hitze auf jeder Seite 5 Minuten braten.

Anrichten: Auf getoasteten Brötchen mit viel Ketchup.

Des Königs heißer Tipp

Ich mag meine Burger mit Zwiebelringen. Um sie milder zu machen weicht mein Küchenchef sie für eine halbe Stunde in kaltem Wasser mit Eiswürfeln ein.

So - ja, so wird's gemacht!
So, wieso?
Soja ist gesund
und schmeckt so gut!
Königlicher
Vorkoster
Ich ernenne dich zum
"Königlichen Burger-Meister".

Von Booten, aber nicht vom Segeln

Auf einer Party wollte ich auf lustige Art zusammen mit der Pasta ganz viel Gemüse servieren. Da hatte ich die Idee für die *M.S. Zucchini*. Ich kochte Groß-Ma-Ma-Floras köstliche *Gemüse-Ratatouille* (sprich: Ra-ta-tui) und füllte damit die ausgehöhlten Zucchini-Hälften. Dann habe ich Segel gebastelt und mit einem Wachsstift die Namen der Gäste darauf geschrieben. So wussten alle, wo sie sich hinsetzten sollten, und die Boote sahen richtig witzig aus.

Gemüse - Boote

Das musst du alles auftreiben (für 4 Drachen):

4 große, dicke Zucchini
1 rote Paprika, gewürfelt
1 Zwiebel, gewürfelt
1 Aubergine, gewürfelt
2 Tomaten, entkernt und gewürfelt
12 g Semmelbrösel
25 g geriebener Käse
1 Esslöffel Olivenöl
1 Knoblauchzehe, zerdrückt
1 Teelöffel Oregano
Salz und Pfeffer
Weißes Papier
Holzspieße

Vorbereitungszeit: 30 Minuten

Kochzeit: 15 Minuten

1 Alle Zucchini der Länge nach aufschneiden und mit einem Löffel die Kerne herauskratzen (sie sehen jetzt wie ausgehöhlte Kanus aus!).

2 Das Olivenöl in eine Schmorpfanne geben. Bei geringer Hitze den Knoblauch darin 1 Minute anbraten. Dann die Zwiebel und die Paprika dazugeben. Umrühren und 5 Minuten lang kochen. Die Aubergine dazugeben und vermischen. 4 Minuten kochen lassen. Die Tomaten und den Oregano hinzufügen und wieder 5 Minuten kochen lassen.

3 Mit Salz und Pfeffer würzen. Mit einem Löffel die Masse in die Zucchini-"Boote" füllen. Die Semmelbrösel und den Käse darüber streuen und mit etwas Olivenöl beträufeln.

4 Den Backofen auf 190° C (Gasherd: Stufe 5) vorheizen. Die Boote in eine Auflaufform legen und 15 Minuten überbacken. Lagen die Boote vorher im Kühlschrank sollten sie sich vor dem Überbacken erst auf Zimmertemperatur erwärmen.

Anrichten: Die Segel kannst du basteln, indem du aus dem Papier Dreiecke ausschneidest. Falte sie in der Mitte und befestige sie an den Holzspießen. Stecke sie wie ein Segel in die Boote.

Herbs heißer Tipp

Wenn du die Boote vor dem Überbacken in den Kühlschrank stellst, bedecke sie mit einer Folie.

He, Herb,
Was gibt's zum Mittagessen?
Oh,
das willst du lieber
nicht wissen.

Davon ist eine Portion nicht genug

Jedes Mal, wenn ich diese Puffer zubereite, muss ich daran denken mir ein wenig von dem Teig beiseite zu legen. Ginster und Rosie-Rose futtern sie nämlich (in Honig getränkt oder einfach so) schneller weg, als ich sie braten kann. Ich weiß, dass sie besonders beliebt sind, weil Fleischhaken (er kann nicht mal Wasser kochen) mal einen Kumpel bei mir vorbeigeschickt hat um das Rezept abzuholen (man könnte es auch *klauen* nennen).

Herbs leckerer Maispfannkuchen

Das musst du alles auftreiben (für 4 Drachen):

300 g gefrorene Maiskörner
50 g Mehl
1 Messerspitze Backpulver
2 Eier
Öl
Salz und Pfeffer

Vorbereitungszeit: 20 Minuten

Kochzeit: 15 Minuten

1 Koche die Maiskörner nach Anleitung. Keinen Mais aus der Dose nehmen! 2/3 der Maiskörner in eine Küchenmaschine geben und 15 Sekunden mixen.

2 1 ganzes Ei und 1 Eigelb hinzufügen. Das andere Eiweiß in eine Schüssel geben. Den Mais in der Küchenmaschine mit Salz und Pfeffer würzen. Die Küchenmaschine anschalten und 1 Esslöffel Öl und das Mehl nach und nach dazugeben. In eine Schüssel füllen und nun die restlichen Maiskörner dazugeben.

3 Das Eiweiß steif schlagen und mit einer Teigspachtel unter die Masse heben.

4 250 ml Öl in eine Bratpfanne geben und bei mittlerer Hitze heiß werden lassen (aber pass auf, dass es nicht zu rauchen anfängt). Mit einem Esslöffel die Masse in das heiße Öl geben und ein wenig flachdrücken. Von beiden Seiten goldbraun braten.

Anrichten: Auf Küchenpapier abtropfen lassen und dann servieren. Vergiss den Honig nicht! (Ich mag ihn leicht angewärmt.)

Herbs heißer Tipp

Lass das Öl nicht so heiß werden, dass es zu rauchen anfängt, sonst werden deine Pfannkuchen schwarz. Für jeden Pfannkuchen etwas neues Öl in die Pfanne geben.

Die Wassermühle im Walde Ehdrac

Die alten Mahlsteine, die durch Flusswasser angetrieben werden, mahlen das Mehl für die Menschen in der Stadt, und auch wir Drachen benutzen es um unsere Brote zu backen. Die Steine mahlen auch Ginsters getrocknete Maiskolben und machen daraus ein grobes Maismehl, das man aufkochen kann. Das Gericht heißt *Polenta*. Groß-Ma-Ma-Flora hat Ginster gleich zwei Arten der Zubereitung beigebracht: einmal als sämige Beilage (anstatt Kartoffelpüree) oder als gebratene Scheiben. Lecker!

Floras knusprige Polenta - Puffer

(aus Ginsters Maiskörnern)

Das musst du alles auftreiben (für 6 - 8 Drachen):

500 g Polenta-Maismehl
125 g frische oder gefrorene Maiskolben
1 Esslöffel Salz
1,6 l Wasser
3 Esslöffel Öl

Vorbereitungszeit: 30 Minuten

Kochzeit: 10 Minuten

1 Die frischen Maiskolben 4 Minuten kochen. Die gefrorenen Maiskolben nach Anleitung kochen.

2 Wasser in einem Topf zum Kochen bringen und salzen. Nach und nach das Polenta-Maismehl unter Rühren hinzufügen. Den Herd auf die niedrigste Stufe stellen.

3 Weiterrühren bis die Polenta dick aber noch flüssig ist (siehe "Heiße Tipps").

4 Mische die Maiskörner unter die Polenta und gib die Masse auf ein Backblech.
Drücke dann mit einer nassen Spachtel die Masse in Form bis sie etwa 2 cm dick ist. Auf Zimmertemperatur abkühlen lassen.

5 Schneide nun mit einem Messer etwa 7 cm große Kreise aus dem Teig. Jetzt kannst du sie entweder in den Kühlschrank legen oder gleich weitermachen.

6 Gebe 3 Esslöffel Öl in eine Bratpfanne und brate die Scheiben bei mittlerer Hitze auf beiden Seiten bis sie goldgelb und knusprig sind (aber pass auf, dass sie nicht schwarz werden).

Anrichten: Lege sie auf vorgewärmte Teller und bestreiche sie mit einem leckeren Sirup oder deiner Lieblings-Salsasoße (oder mit Herbs extremer Salsasoße - siehe S. 36).

Floras heißer Tipp

Du kannst die Polenta auch schon nach Punkt 3 servieren. Füge noch etwas Milch hinzu um sie so cremig wie Kartoffelpüree zu machen.

Essen Drachen Pizza?

Weißt du, wo die Pizza erfunden wurde? Manche sagen, alles begann mit dem ägyptischen Fladenbrot. Weißt du, was das italienische Wort *Pizza* bedeutet? Pastete!
Weißt du, wer der erster Drache war, der eine Pizza gebacken hat? Genau! Meine Wenigkeit. Keiner hier im Walde von Ehdrac hatte jemals davon gehört bis ich damit anfing! Überrasche deine Freunde mit diesem Drachen-Knüller.

Herbs geniale Regenbogen-Pizza oder so was ähnliches

Das musst du alles auftreiben (für 4 Drachen):

2 Pizzaböden
1/2 grüne Paprika
1/2 gelbe Paprika
2 Fleischtomaten
2 riesige Pilze
3 Esslöffel Olivenöl
125 g Mozzarella, in Scheiben geschnitten
1 Teelöffel getrockneter Oregano
Salz und Pfeffer zum Abschmecken

Vorbereitungszeit: 25 Minuten

Kochzeit: 15 Minuten

1 Den Backofen auf 220° C vorheizen (Gasherd: Stufe 7).

2 Schneide die Paprika an ihren Einkerbungen auf, entferne die weißen Teile und die Kerne im Inneren. Schneide die Pilze in Scheiben. Halbiere die Tomaten, entferne die Kerne und schneide sie in Würfel.

3 Gib 2 Esslöffel Öl in eine Bratpfanne und erhitze es bei mittlerer Hitze. Füge nun die Paprika hinzu und warte bis sie weich sind (hin und wieder mal umrühren).

4 Verteile die Paprika, die Tomaten und die Pilze schön bunt auf den Pizzaböden, zum Beispiel in Streifen oder in Kreisen. Belege das Ganze mit dem Mozzarella, streue Oregano, Salz und Pfeffer darüber und träufele auch das restliche Olivenöl darüber. Schiebe alles in den Backofen und warte bis die Pizza goldgelb und knusprig ist.

Anrichten: Wenn du nicht weißt, wie man *Pizza* serviert - ich werde es dir nicht sagen.

Noch einen Hauch mehr Oregano.

Herbs heißer Tipp

Belege die Pizza nicht mit zu viel Zeug, sonst wird sie matschig.

Die Königin hasst Oregano.

Letzte Woche habe ich Oregano-Kekse gebacken und sie ist nach einem Bissen ganz grün geworden.

(Würdest du auch!)

Das Geheimnis wird gelüftet

Viele Menschen und Drachen haben mich angefleht, ihnen das Rezept für meine Salatsoße zu verraten.
Jetzt bin ich weich geworden, und hier ist es nun zum ersten Mal abgedruckt (oh, ihr Glückspilze!). Mein Geheimnis könnt ihr im "Heißen Tipp" nachlesen. Ich gebe euch auch noch ein paar zusätzliche Tipps, wie man einen guten Salat macht – denn das sollte man wissen.

Für ein Glas deiner geheimen Salatsoße wird der König dich zum "Königlichen Salatanmacher" ernennen

Salate und süß-saure Soße

Das musst du alles auftreiben:

Für die Salatsoße:

2 Esslöffel Essig
1 Esslöffel flüssiger Zucker (siehe "Heißer Tipp")
etwas zerdrückter Knoblauch
1/2 Teelöffel Salz
10 Prisen Pfeffer aus der Pfeffermühle
10 Esslöffel Olivenöl
Verquirle das Ganze mit einem Schneebesen

Für den Salat:

Nimm aus diesen Listen alles, was dir schmeckt und vermische es:

GRUPPE A

Kopfsalat
Chicorée
Radicchio
Endivien
Rucola
Feldsalat
Lollo Rosso

GRUPPE B

Tomaten
Radieschen
Avocado
Gurke
Basilikumblätter
sehr dünn geschnittene Zwiebel
rote Paprika
Oliven
geraspelte Karotten
Rote Beete

Vorbereitungszeit: 15 Minuten

Nimm eine oder mehr Zutaten aus Gruppe A und Gruppe B und vermische sie mit einer ausreichenden Menge an Salatsoße. Aber nicht zu viel Soße nehmen sonst wird der Salat matschig.

Herbs heißer Tipp

Mein Geheimnis ist flüssiger Zucker. Dafür musst du eine Tasse Zucker mit einer Tasse Essig kochen bis der Zucker sich auflöst.

Ich hoffe, dass dir der Kopf nicht anschwillt, Herb
GRUPPE A
Nenn mich Sir Herb, den Ritter des Gemüses
GRUPPE B

Herb macht es euch leicht

Also, wenn du ein siebenjähriger Drache bist, hast du nur wenig Lust, eine halbe Stunde vor einem Herd zu stehen um in einem Topf Reis herumzurühren. Erst recht nicht, wenn alle deine Freunde im Ehdrac-See baden und sich eine schöne Zeit machen – ohne dich. Nicht wahr? Aber nicht weinen, mach das Risotto *auf meine* Art. Risotto ist das italienische Wort für Reis. Ganz einfach! Guten Appetit!

Herbs "tränenloses" Risotto

Das musst du alles auftreiben (für 4 - 6 Drachen):

350 g Langkornreis
30 g Butter
2 Esslöffel Olivenöl
1 feingehackte Zwiebel
1 rote Paprika, entkernt und feingehackt
1000 ml Gemüsebrühe
1/4 Teelöffel Kurkuma
1 kleine Dose Tomaten
1 Knoblauchzehe, zerdrückt
50 g Parmesankäse
2 Esslöffel gehacktes Basilikum
Salz und Pfeffer zum Abschmecken

Vorbereitungszeit: 30 Minuten

Kochzeit: 30 Minuten

1 Bringe die Gemüsebrühe mit dem Kurkuma in einem großen Topf zum Kochen. Den Backofen auf 190° C (Gasherd: Stufe 5) vorheizen. Gib das Olivenöl, die Butter und den Knoblauch in einen Schmortopf, der in den Backofen passt. Erhitze es bei niedriger Hitze für 2 Minuten und rühre ab und zu um. Dann füge die Zwiebel und die Paprika hinzu und verrühre alles. Für weitere 5 Minuten kochen. Füge nun die gewürfelten Tomaten hinzu und rühre weiter.

2 Gib jetzt den Reis hinein und verrühre alles gut mit einem Kochlöffel. Gieße die heiße Gemüsebrühe hinein, würze mit Salz und Pfeffer und verrühre alles noch einmal. Stelle den Topf vorsichtig in den Ofen und backe den Inhalt etwa 20 Minuten. Mit Parmesankäse bestreuen und weitere 5 Minuten backen.

Anrichten: Vorsichtig den Topf aus dem Backofen nehmen - Topflappen nicht vergessen! Stelle den Topf auf einen Untersetzer und bedecke ihn mit einem Geschirrtuch - keinen Topfdeckel nehmen! Teile das Risotto aus und bestreue es mit dem Basilikum.

Herbs heißer Tipp

Wenn du das Risotto mit dem Parmesankäse bestreust, kannst du auch noch knackig gedünstetes Gemüse (Broccoli, Pilze, Spargel) dazugeben.

Rosie-Rose schickt mir eine Valentinskarte

Tja, dass man am Valentinstag Blumen verschickt, davon habe ich schon gehört. Aber *essbare* Blumen? Das war eine Premiere für mich. Rosie-Rose hat sie *Paprika - Blumen* genannt, und sie waren bildhübsch – Blütenblätter in rot, grün und gelb . Ich muss sagen, sie schmeckten super. Paprika und Petersilie wachsen in meinem Garten im Überfluss, und ich war sehr froh über diesen neuen Kochtipp.

Rosie-Roses "Paprika - Blumen"

Das musst du alles auftreiben (für 4 Drachen):

3 Paprikaschoten (gelb, grün und rot)
1 kleiner Bund Radieschen
25 g Semmelbrösel
4 Esslöffel gehackte Petersilie
1 Knoblauchzehe, zerdrückt
1 Esslöffel Olivenöl
1/2 Teelöffel Salz

Vorbereitungszeit: 25 Minuten

1 Schneide die Paprika an ihren Einkerbungen auf und teile jede Schote in 6 - 8 längliche Streifen. Entferne die Kerne und die harten weißen Teile im Inneren.

2 Fülle einen großen Topf zu 2/3 mit Wasser. Wenn es kocht gib die Paprikastreifen hinein und lass sie bei mittlerer Hitze 3 Minuten kochen. Gieße sie dann in einem Nudelsieb ab und lass sie abkühlen.

3 Vermische alle anderen Zutaten (außer den Radieschen) zu einer gleichmäßigen Paste und verteile sie mit einem Löffel auf den Paprikascheiben.

Kochzeit: 15 Minuten

4 Jetzt musst du ein Backblech einfetten und die Paprikascheiben nebeneinander darauf verteilen. Backe sie nun in einem vorgeheizten Ofen (190° C/ Gasherd: Stufe 5) für etwa 15 Minuten.

Anrichten: Richte die Paprikascheiben auf einer runden Platte kreisförmig an (wie die Blütenblätter eines Gänseblümchens). Schneide jetzt die Radieschen in dünne Scheiben und lege sie kreisförmig in die Mitte der Paprika - Blume. Du kannst das Essen als Vorspeise oder als Beilage servieren.

Rosies heißer Tipp

Es ist sehr lustig wenn du das Essen vor dem Kochen aufmalst. Ich mache das immer. Du brauchst dazu nur ein paar Buntstifte und ein Blatt Papier!

Salsa! Salsa! Salsa!

Eines Tages hab ich beschlossen, eine Ladung Maiskolben-Salsa auf Groß-Ma-Ma-Floras *Knusprige Polenta Puffer* zu geben. Zuerst haben Groß-Ma-Ma und Ginster beim Anblick dieser neuen unerhörten Variante ihre Nasen gerümpft – aber jetzt lieben sie sie beide! Ha! Weißt du, was das Wort *Salsa* bedeutet? Es ist spanisch und bedeutet *Soße*.

Herbs extreme Drachen - Salsasoße

Das musst du alles auftreiben:

3 Maiskolben, frische oder gefrorene
3 (oder 6 halbe!) getrocknete Tomaten in Öl, gewürfelt
2 Esslöffel gemahlener Koriander
3 Esslöffel Olivenöl
1 Esslöffel Zitronensaft
Chilipulver
Salz

Vorbereitungszeit: 15 Minuten

1 Koche die frischen Maiskolben 4 Minuten lang. Gieße sie ab und lass sie abkühlen. Koche die gefrorenen Maiskolben nach der Packungsanleitung.

2 Pule die Körner aus den Kolben heraus und fülle sie in eine Schüssel. Gib alles andere dazu und vermische es gut. Das ist schon alles!

Anrichten: Die Salsasoße schmeckt prima zu *Herbs leckeren Maispfannkuchen*, *Des Königs Lieblings - Gemüseburger* und *Floras knusprige Polenta-Puffer*. Super!

Herbs heißer Tipp

Für eine richtig SCHARFE Salsasoße musst du etwas mehr Chilipulver nehmen. Aber Vorsicht: Schärfer kann man es immer machen - milder nicht mehr!

SALSA
OLÉ!
HERBS
SALSA

Der Keksdrachen

Eines Sonntags, kurz nach dem Aufstehen, entdeckte ich am Eingang meiner Höhle einen Teller mit Schoko-Keksen. Sie waren köstlich! Jede Woche bekam ich einen neuen Teller. Wer steckte bloß dahinter? An einem Sonntag versteckte ich mich auf einem Baum. Sehr bald erschien ein dunkler Schatten. Ich stürzte mich vom Baum auf ihn herab und hielt ihn fest. "Wer bist du?", fragte ich außer Atem. "Ich bin der *Keksdrachen*! Lass mich los!" "Nur wenn du mir das Rezept gibst", antwortete ich.

Schoko-Flipper für Keksdrachen

Das musst du alles auftreiben (für 24 Kekse):

8 Esslöffel Sonnenblumenöl/ Buttermix *
65 g Zucker
65 g brauner Zucker
150 g Mehl
1 Ei
1/2 Teelöffel Salz
1 Teelöffel Vanilleextrakt
1 Esslöffel Sirup
1/2 Teelöffel Backpulver
100 g Schokoladensplitter
30 g gehackte Nüsse (nur wenn du willst)
25 g Rosinen (wenn du sie magst - ich schon!)

Vorbereitungszeit: 25 Minuten

** Für den Sonnenblumenöl/ Buttermix*

4 Esslöffel Butter in eine Schüssel geben. Füge jetzt 4 Esslöffel Öl hinzu. In einer Küchenmaschine mixen bis sich Öl und Butter vermengt haben. Kratze den Mix aus der Küchenmaschine und fülle ihn wieder in eine Schüssel.

1 Den Backofen auf 190° C (Gasherd: Stufe 5) vorheizen. Gib alle "trockenen" Zutaten in eine große Schüssel: Mehl, Backpulver, Zucker, Salz, Schokoladensplitter und die gehackten Nüsse. Mit einem großen Löffel alles gut verrühren. Mische nun alle "nassen" Zutaten in einer kleinen Schüssel: Ei, Vanilleextrakt, Buttermix und Sirup.

Kochzeit: 12 Minuten

2 Gib jetzt die "nassen" Zutaten zu den "trockenen" Zutaten und verrühre beides gut. Wenn du kein Mehl mehr in der Schüssel siehst kannst du aufhören.

3 Verteile den Teig jetzt löffelweise als kleine Häufchen auf einem eingefetteten oder beschichteten Backblech. Lass zwischen den Häufchen immer ein wenig Platz, denn sie werden beim Backen größer. Drücke sie ganz leicht mit deinem Finger bis sie rund werden (Schönheit zählt hier nicht!).

4 Schiebe das Backblech auf die mittlere Schiene im Backofen und backe die Kekse etwa 12 Minuten.

Anrichten: Kalt werden lassen, aufessen und für Nachschub sorgen!

Herbs heißer Tipp

Für was ist der Öl/ Buttermix gut? Mit guten Essgewohnheiten sollte man so früh wie möglich beginnen. Der Mix verringert den Butteranteil und schmeckt lecker.

Fleischhakens Bananenplantage

Obwohl direkt vor Fleischhakens Höhle Bananen wachsen hat er nie welche gegessen. Jedes Jahr verfaulten sie haufenweise. Eines Tages fragte Rosie-Rose, ob sie sich einige nehmen dürfte. "Nimm sie alle mit", brummte er. "Ich *hasse* Bananen." Rosie-Rose fragte mich, was man damit machen könnte, und ich erfand dieses Brotrezept. Fleischhaken, von dem Duft angezogen, stopfte alles, was aus dem Ofen kam, sofort in sich hinein. So wurde Fleischhaken *bananensüchtig*.

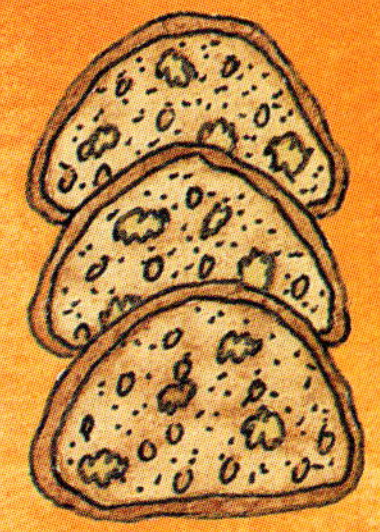

Fleischhakens Leibspeise

Schoko-Bananen-Walnuss-Brot

Das musst du alles auftreiben:

65 g Zucker
3 Esslöffel Kakaopulver
1 Ei
4 Esslöffel Sonnenblumenöl
2 reife Bananen, mit der Gabel zermantscht
225 g Mehl
1 Esslöffel Backpulver
1/2 Teelöffel Salz
6 gehackte Walnüsse
60 ml Milch

Vorbereitungszeit: 15 Minuten

Kochzeit: 1 Stunde

1 Den Backofen auf 180° C (Gasherd: Stufe 4) vorheizen. Fülle den Zucker, das Salz, das Ei, das Öl und die Milch in eine Schüssel und verquirle alles mit einem elektrischen Mixer. Jetzt gib die zermantschten Bananen dazu und verquirle sie mit dem Teig. Stop.

2 Jetzt auch das Mehl, das Backpulver, das Kakaopulver und die Walnüsse in die Schüssel geben und noch einmal verquirlen bis kein Mehl mehr zu sehen ist und der Teig schön cremig geworden ist.

3 Kratze mit einer Teigspachtel den Teig aus der Schüssel und fülle ihn in eine eingefettete Backform (23 cm x 13 cm x 8 cm).

4 1 Stunde backen. Danach das Brot auf ein Rost legen und auskühlen lassen.

Anrichten: Schneide das Brot in Scheiben und lege sie fächerförmig auf eine Platte.

Herbs heißer Tipp

Wenn du keinen elektrischen Mixer hast, kannst du den Teig auch mit Kochlöffel und Schneebesen anrühren.

Keiner wird's dir glauben

Niemand wird glauben, dass du das selber gemacht hast. Sag allen, das Rezept ist ganz einfach – denn es stammt von Herb, dem vegetarischen Drachen. Oder vielleicht solltest du doch lieber weglassen, dass ich ein Drache bin, es sei denn, deine Freunde sind sehr tolerant. Und sag mir Bescheid wie es geschmeckt hat! Ich finde das Rezept beerenstark. Genau! Falls du ein besseres Rezept kennst besuch mich einfach im Internet unter der Adresse: www.DragonHerb.com und schick mir eine e-mail. Ich freue mich auf dich.

Herbs einfacher Erdbeer-Limo-Matsch

Das musst du alles auftreiben (für 4 Drachen):

250 g Erdbeeren
125 g Zucker
250 ml Wasser

Vorbereitungszeit: Schritt 1 - 3: 20 Minuten und 1 Nacht zum Gefrieren
Schritt 4: 5 Minuten

1 Sirup selber machen ist ganz einfach. Koche in einem Topf langsam den Zucker und das Wasser bis sich der Zucker aufgelöst hat. Lass es kochen bis nur noch etwa 1/3 der Wassermenge übrig ist.

Bevor du mit dem Rezept weitermachst, lass den Sirup auf Zimmertemperatur abkühlen.

2 Gib die Erdbeeren in eine Küchenmaschine und zerkleinere die Erdbeeren, aber aufpassen, dass kein Mus daraus wird!

3 Vermische den Sirup jetzt mit den Erdbeeren und fülle alles in einen Plastikbehälter mit Deckel.
Über Nacht gefrieren lassen.

4 Stelle den Behälter für ein paar Sekunden in etwas heißes Wasser damit sich der "Matsch" in dem Behälter lösen kann. Zerstoße ihn dann in dem Behälter mit einem stumpfen Messer in kleine Würfel und gib diese in eine Küchenmaschine. Mixe alles 1 Minute lang.

Anrichten: Fülle gefrostete Gläser mit dem "Matsch" und dekoriere sie mit einer Erdbeere.

Herbs heißer Tipp

Starte und stoppe die Küchenmaschine. Kratze alles von den Wänden der Maschine und starte und stoppe die Küchenmaschine erneut bis der "Matsch" aussieht wie gefrorenes Sorbet.